Salvar el Ártico

Serena Haines

Autora contribuyente

Heather Schultz, M.A.

Asesores

William Fitzhugh
Arqueólogo superior
National Museum of Natural History

Tamieka Grizzle, Ed.D.
Instructora de laboratorio de CTIM de K-5
Escuela primaria Harmony Leland

Stephanie Anastasopoulos, M.Ed.
TOSA, Integración de CTRIAM
Distrito Escolar de Solana Beach

Créditos de publicación

Rachelle Cracchiolo, M.S.Ed., *Editora*
Diana Kenney, M.A.Ed., NBCT, *Realizadora de la serie*
Véronique Bos, *Directora creativa*
Caroline Gasca, M.S.Ed., *Gerenta general de contenido*
Smithsonian Science Education Center

Créditos de imágenes: pág.7 (inferior) Paul Nicklen/National Geographic Creative; pág.8 Design Pics Inc/Alamy; págs.8–9 Ann Johansson/Corbis a través de Getty Images; pág.9 (centro), pág.17 (inferior), pág.19 (inferior), pág.22 © Smithsonian; pág.10 (inferior) Accent Alaska.com/Alamy; págs.12–13 National Geographic Creative/Alamy; pág.13 (superior) Timothy J. Bradley; pág.14 (inferior, derecha) All Canada Photos/Alamy; pág.16 Lawrence Migdale/Science Source; pág.17 (superior) Louise Murray/ Science Source; pág.19 (superior) RIA Novosti/Science Source; pág.21 (superior) Gunter Marx/Alamy; pág.23 (todas) NASA; pág.27 (izquierda) British Antarctic Survey/Science Source; pág.27 (derecha) NOAA Climate Program Office, NABOS 2006 Expedition. Fotografía de Mike Dunn; pág.32 (derecha) NASA's Goddard Space Flight Center/Kathryn Hansen; todas las demás imágenes cortesía de iStock y/o Shutterstock.

Library of Congress Cataloging-in-Publication Data

Names: Haines, Serena, author.
Title: Salvar el Ártico / Serena Haines.
Other titles: Saving the Arctic. Spanish
Description: Huntington Beach, CA : Teacher Created Materials, 2022. | Includes index. | Audience: Grades 4-6 | Summary: "Have you ever left the freezer door open? Everything inside starts to melt. That is what is happening in the Arctic right now. The temperature is getting warmer and ice is melting. Polar scientists around the world study the Arctic because changes there affect the whole planet. Discover why they have found it's so important to save the Arctic"-- Provided by publisher.
Identifiers: LCCN 2021044084 (print) | LCCN 2021044085 (ebook) | ISBN 9781087625287 (paperback) | ISBN 9781087644134 (epub)
Subjects: LCSH: Arctic regions--Climate--Juvenile literature. | Climatic changes--Arctic regions--Juvenile literature. | Environmental responsibility--Juvenile literature.
Classification: LCC GB2595 .H3518 2022 (print) | LCC GB2595 (ebook) | DDC 551.6911/3--dc23
LC record available at https://lccn.loc.gov/2021044084
LC ebook record available at https://lccn.loc.gov/2021044085

Smithsonian

Teacher Created Materials

5301 Oceanus Drive
Huntington Beach, CA 92649-1030
www.tcmpub.com

ISBN 978-1-0876-2528-7

Contenido

En la cima del mundo

Imagina que estás mirando la Tierra desde el espacio. Mientras ves el planeta girar sobre su eje, miras hacia el norte. Está cubierto de hielo. Ves Groenlandia y el Polo Norte. Esa zona que está en la cima del mundo se llama Ártico.

El Ártico es muy importante para nuestro planeta. ¡Es como un sistema de aire acondicionado para toda la Tierra!

Como el **clima** de la Tierra es cada vez más caluroso, el hielo del Ártico se está derritiendo. A medida que el hielo se derrite y el nivel del mar se eleva, desaparece más tierra del Ártico. Sus habitantes tienen que **adaptarse** a los cambios. Los animales también.

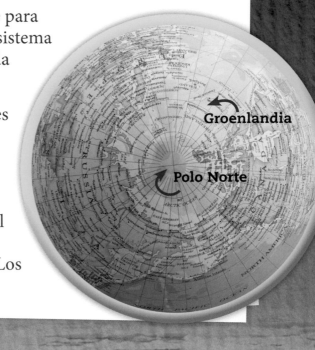

Groenlandia

Polo Norte

aldea en Groenlandia

Los científicos viajan al Ártico para estudiar esos cambios. Quizá no puedan evitar que el hielo se derrita, pero quieren entender por qué se está derritiendo tan rápido.

Además, los científicos trabajan con los habitantes del Ártico. Juntos, crean **políticas** para reducir los efectos nocivos del cambio climático.

CIENCIAS

Calentamiento

Los científicos hacen un seguimiento de las temperaturas de la Tierra. Las comparan con las del pasado. Han descubierto que, en los últimos 150 años, la temperatura media ha aumentado unos 2° Celsius (3.6° Fahrenheit). Ese cambio ocurrió mayormente durante los últimos 35 años. El Ártico se está calentando el doble que el resto del mundo.

¿Quiénes viven en el Ártico?

Aunque se trata de uno de los lugares más fríos de la Tierra, el Ártico es el hogar de muchos animales. ¡Y también viven allí alrededor de cuatro millones de personas!

Los animales del Ártico

Osos polares, peces, focas, tiburones y ballenas comparten este hogar helado. Algunas especies solo viven en el Ártico. Entre ellas, están los osos polares y los narvales. Cada narval tiene un diente largo llamado colmillo. El colmillo de un narval puede llegar a medir casi 2.7 metros (9 pies) de largo.

En tierra firme, los lobos de la **tundra** acechan a los caribúes. Los zorros árticos cazan para alimentarse. Los bueyes almizcleros se alimentan de pequeñas plantas que crecen en la tundra, y los osos polares cazan peces y focas en el agua.

En el aire, hay más de doscientas especies de aves. Los búhos nivales cazan durante el día. Los charranes árticos anidan en estas tierras, pero **migran** en el verano. Los colimbos de Adams cantan y se llaman unos a otros.

Todos esos animales hacen del Ártico su hogar. Pero, a medida que aumente el calor, tendrán que adaptarse para no extinguirse.

foca

Los caribúes son el único tipo de ciervo en el que tanto los machos como las hembras tienen astas.

narvales

Los habitantes del Ártico

Los yup'iks son un grupo de personas que viven en la isla San Lorenzo, frente a la costa de Alaska. Han vivido en la tundra helada durante miles de años. Los yup'iks son excelentes cazadores y pescadores. Para cruzar el hielo, usan motos de nieve y trineos tirados por perros.

Las personas y los animales que viven en el Ártico planifican su vida en función del estado del tiempo. A medida que el clima cambia, es más difícil predecir cómo será cada estación. ¿Cuánta lluvia caerá? ¿Cuánto hielo se derretirá? Es importante notar esos cambios.

Se hablan muchos idiomas en el Ártico. Los yup'iks hablan yup'ik siberiano. Tienen muchas palabras para nombrar el hielo y la nieve. Hasta hace unos años, solo era posible oír esas palabras al conversar con un hablante nativo de yup'ik. No estaban escritas. Luego, un científico trabajó con un anciano yup'ik para hacer un "diccionario del hielo marino". Juntos hicieron una lista de términos con su significado en inglés. También incluyeron imágenes. Esa lista les sirve a los científicos para hablar con los yup'iks. Así, pueden preguntarles a los yup'iks qué cambios ven en la tierra.

La palabra "yup'ik" significa "gente real".

Término en yup'ik	Explicación
siku	el término principal para "hielo"; también se usa para referirse al mar de Bering cubierto de hielo

Este hombre yup'ik está cerca de la costa de la isla San Lorenzo.

La ciencia del Ártico

Científicos de todo el mundo estudian el Ártico. Observan el clima, la tierra, las personas y los animales que viven allí.

Estudiar el clima

¿Cómo saben los científicos que el clima se está volviendo más caluroso? Los **climatólogos** estudian el estado del tiempo. Recopilan datos de muestras que toman del aire, el agua y el suelo. Luego, buscan patrones. En el Ártico, toman muestras de núcleos de hielo y plantas.

Los científicos comparan los datos nuevos con los del pasado. ¿Cuál es la temperatura actual? ¿Y las del mes pasado? ¿Qué cambios hay en relación con las temperaturas del año pasado y con las de los últimos cien años? Las tendencias muestran que las temperaturas medias en el Ártico, y en toda la Tierra, están subiendo.

Y seguirán subiendo a menos que algo cambie. Los científicos creen que la temperatura está aumentando más rápido que nunca.

Unos climatólogos analizan muestras de hielo.

La energía en las estaciones meteorológicas

Para estudiar el clima de diferentes regiones, los científicos instalaron estaciones meteorológicas remotas. Esas estaciones observan y registran la temperatura todo el tiempo. Proveer energía a esas estaciones puede ser un desafío debido al clima. ¡El frío puede llegar a los −40 °C (−40 °F)! Se usa una tecnología especial para generar energía. Algunas estaciones tienen paneles solares que usan la energía del sol. Otras usan celdas de combustible químico para que siga habiendo energía cuando no hay mucha luz.

panel solar

estación meteorológica del Ártico

Estudiar la tierra

¿Cómo afecta el cambio climático a la tierra y el hielo? Es lo que muchos tipos de científicos están tratando de averiguar.

Los **glaciólogos** estudian los glaciares, los icebergs y el hielo marino. Aprenden sobre el hielo y qué tan rápido se está derritiendo.

Los geólogos estudian la tierra y el suelo. También estudian el **permafrost**. Muchas casas del Ártico están construidas sobre ese suelo congelado. A medida que el hielo se derrite y fluye hacia el océano, se lleva un poco de tierra. A eso se le llama **erosión**. A medida que el suelo se erosiona, las personas y los animales tienen menos terreno donde vivir.

Los biólogos polares estudian a los animales del Ártico. Observan cómo se están adaptando a las temperaturas más altas. Por ejemplo, los osos polares necesitan el hielo marino para desplazarse y cazar focas. Las focas viven y descansan sobre el hielo marino. A medida que el hielo se derrite, tanto las focas como los osos polares tienen que cambiar sus hábitos.

un glaciólogo en una cueva formada mayormente por hielo

WindSled

Trineos con cometas

Los científicos de Groenlandia querían encontrar una manera de viajar por el hielo sin dañar el medioambiente. Entonces, ¡construyeron un trineo tirado por una cometa gigante! Se llama WindSled y se ha usado en siete viajes por el hielo de Groenlandia. Hasta ahora, ¡ha recorrido más de 19,300 kilómetros (12,000 millas)! El trineo pesa un poco más de 1.8 toneladas métricas (2 toneladas). Puede llevar hasta seis personas y va a unos 9.7 km por hora (6 millas por hora).

Un oso polar toca el agua desde una placa de hielo.

Estudiar los animales y las plantas

¡El océano Glacial Ártico está lleno de vida! En las heladas aguas del Ártico y sus alrededores viven peces, focas, osos polares y muchas plantas. Ciertos animales y plantas viven solo allí. Ahora, algunas de esas especies están **en peligro de extinción**. Los científicos quieren estudiarlas mientras se pueda.

Los **biólogos marinos** estudian las plantas y los animales que viven en el océano Glacial Ártico. Observan lo que comen los animales. Registran qué plantas han desaparecido.

Los ecólogos marinos estudian el **ecosistema** del Ártico. Las plantas, los animales y las cosas sin vida que los rodean trabajan juntos. Los cambios en las cosas sin vida de un ecosistema pueden afectar a toda la red alimenticia. Por ejemplo, los peces comen plantas que están en el agua. Las focas comen peces. Los osos polares comen focas. Si las plantas mueren debido a cambios en el agua, los peces no tendrán nada para comer. Tendrán que ir a otra zona. Entonces, las focas y los osos polares tendrán menos para comer. ¡Todo está conectado en el Ártico!

Los osos polares comen focas.

Las focas comen peces.

Los peces comen plantas.

Las plantas crecen en el mar.

Unos científicos revisan a un zorro ártico.

ARTE

Una mirada del hielo

James Balog es un fotógrafo apasionado por la ciencia. Fundó el programa Extreme Ice Survey (EIS). El programa usa el arte y la ciencia para mostrar cómo está cambiando el clima. Se han instalado decenas de cámaras en los glaciares. Esas cámaras toman fotografías cada hora todos los días. Luego, esas fotos se usan para hacer videos que muestran cómo se derrite el hielo con el paso del tiempo. James dice que esos videos le dan "voz" al derretimiento de los glaciares. A veces, ¡una imagen realmente vale más que mil palabras!

Estudiar a las personas

Los científicos también estudian a los habitantes del Ártico, como los **inuits**. Quieren saber más sobre su vida. Estudian cómo cazan los inuits, qué comen y dónde viven.

Los **etnólogos** estudian la cultura de distintos pueblos. La cultura está compuesta por las tradiciones y las costumbres de un grupo de personas. ¿En qué tipo de casas viven? ¿Qué comen? ¿Cómo cambia su vida a medida que aumenta la temperatura? Los etnólogos intentan encontrar respuestas a esas preguntas.

Los **arqueólogos** que trabajan en el Ártico estudian objetos históricos para descubrir cómo era la vida hace mucho tiempo. En el sitio de una casa antigua, encontraron parte de una canasta. Tenía más de 8,000 años. También encontraron algunos restos de madera flotante. La madera había viajado cientos de kilómetros. Los científicos creen que un río llevó la madera hasta el sitio de la casa. Luego, los inuits usaron la madera para construir sus casas. Esos objetos históricos son pistas de cómo vivían los inuits hace miles de años.

niños inuits en la actualidad

Unos cazadores inuits arrastran un tiburón.

Los inuits visten prendas hechas con pieles de animales. Necesitan varias capas de ropa para no pasar frío en esas temperaturas extremas.

abrigo hecho con pieles de animales

Una tierra que cambia

Imagina que tú y tu familia han vivido en el mismo lugar durante generaciones. Hasta tus tatarabuelos solían vivir allí. Probablemente sabrías mucho sobre ese lugar. Eso mismo les sucede a los inuits en su hogar. Notan los cambios.

Un anciano inuit les dijo a los científicos que el tiempo estaba *uggianaqtuq*. Es una palabra en inuit. Significa "comportarse de una manera inesperada".

Los habitantes del Ártico son **testigos** de los cambios climáticos. Están acostumbrados a los cambios en el estado del tiempo. Pero lo que han visto en los últimos años los preocupa.

Los inuits quieren saber por qué las cosas están cambiando tan rápido. Comparten con los científicos lo que han visto. Los científicos llaman "saberes tradicionales" a la información que obtienen de los inuits. Junto con los inuits, esperan poder averiguar por qué está cambiando el clima. También quieren descubrir cómo ayudar a frenar el calentamiento.

Durante el verano, en el Ártico el sol brilla las 24 horas del día. Es por eso que el Ártico a veces se conoce como "la tierra del sol de medianoche".

familia inuit

Dos hombres trabajan en un asentamiento inuit en 1924.

Los habitantes del Ártico dependen de la tierra todos los días. El cambio climático ha cambiado la forma de vida de los inuits. A medida que las estaciones tardan más en llegar, los caribúes también tardan más en regresar. Y los habitantes del Ártico necesitan cazar caribúes para alimentarse.

Muchos inuits usan hielo para obtener agua. Cuando había hielo todo el año, tenían mucha agua. Pero ahora que las temperaturas son más altas, no pueden saber si tendrán suficiente hielo.

Muchas casas del Ártico están construidas sobre el permafrost. A medida que las temperaturas aumentan, el permafrost se derrite. El suelo se ablanda y se vuelve inestable. Eso puede dañar las casas y las construcciones. Incluso puede causar deslizamientos de tierra.

A medida que el hielo se derrite en el mar, las olas tienen más espacio y se vuelven más altas y más fuertes. Cuando rompen contra la orilla, se llevan parte del suelo. Esto acelera aún más el proceso de erosión.

permafrost

Estas bolsas de grava frenan la erosión a lo largo de la costa.

El aumento de las temperaturas está elevando el nivel del mar y erosionando la tierra a lo largo de una cuarta parte de la costa del Ártico.

caribúes

Una de las razones por las que siempre hace tanto frío e[n]
Ártico es que está lleno de nieve y hielo, que son de color b[lanco.]
El color blanco refleja la luz del sol. Los colores oscuros d[el mar]
y de la tierra absorben el calor. Cuanto más hielo se derrit[e, más]
expuestos quedan la tierra y el mar. Esas áreas oscuras abs[orben]
más calor, que a su vez derrite más nieve y más hielo.

Por eso está aumentando la velocidad a la que se derrite [el hielo.]
Cuanto más hielo se derrite, más rápido se derrite el resto [del hielo.]
Entonces, aumenta la temperatura ¡y se derrite aún más hie[lo!]

A medida que se derrite el hielo marino, también hay esp[acio]
para que más barcos viajen a través del Ártico. Si hay más [barcos,]
es más probable que el agua se contamine con petróleo. Si [hay]
contaminación, el ecosistema del Ártico sufre aún más.

¿Cuánto hielo se está derritiendo? Los científicos dicen q[ue]
cada 10 años se pierden más de 259,000 kilómetros cuadrad[os]
(100,000 millas cuadradas) del hielo marino de verano. ¡Es [un]
área más o menos del tamaño del estado de Arizona!

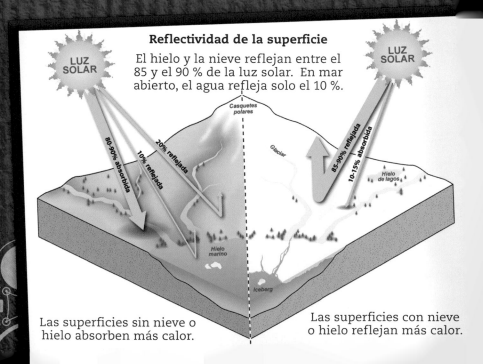

Reflectividad de la superficie

El hielo y la nieve reflejan entre el 85 y el 90 % de la luz solar. En mar abierto, el agua refleja solo el 10 %.

LUZ SOLAR

LUZ SOLAR

Casquetes polares

Glaciar

80-90% absorbida

20% reflejada

10% reflejada

85-90% reflejada

10-15% absorbida

Hielo de lagos

Hielo marino

Iceberg

Las superficies sin nieve o hielo absorben más calor.

Las superficies con nieve o hielo reflejan más calor.

MATEMÁTICA

En números

Los climatólogos usan las matemáticas p[ara] calcular qué tan rápido se está derritien[do el] hielo del Ártico. Miden el hielo y recopila[n] datos a lo largo del tiempo. Incluso usa[n] imágenes satelitales para ver los cambio[s] desde arriba. Luego, comparan todos los promedios de cada año en una gráfica pa[ra] ver los cambios.

el Ártico en 1984

el Ártico en 2016

Clave:

Agua:

Tierra:

Hielo:

El resto del mundo

La Tierra depende del Ártico para que el agua se mantenga fría. A medida que el Ártico se calienta, se desequilibran los océanos. La temperatura del agua sube. Si el agua se calienta, el aire también. Entonces, hace más calor en todas partes.

Hasta los cambios pequeños de temperatura pueden provocar grandes cambios en el planeta. Cuando la temperatura aumenta solo un poco, las condiciones meteorológicas se vuelven más extremas. Las tormentas, los huracanes y las olas de calor suceden con más frecuencia y son más fuertes.

Las condiciones meteorológicas extremas también afectan a las granjas. Si llueve demasiado o muy poco, es más difícil cultivar frutas y verduras. Eso quiere decir que más personas pasarán hambre. Los cambios en la cima del mundo afectan a todo el planeta. Por eso, personas de todas partes del mundo trabajan en conjunto para salvar el Ártico.

Algunos científicos creen que, ya en 2037, no habrá hielo en el verano.

un oso polar en una parte del hielo ártico, cada vez más reducido

Este mapa muestra cómo se mueve el agua del océano, lo cual afecta a muchas áreas.

Groenlandia

Asia

América del Norte

Europa

As

Corriente del Golfo

África

América del Sur

Oceanía

Antártida

Corriente Circumpolar Antártica

Antártida

Un agricultor observa unas plantas que quedaron arruinadas por las condiciones meteorológicas extremas.

Buscar soluciones

¿Qué podemos hacer para salvar el Ártico? Una posibilidad es usar menos **combustibles fósiles**. Cuando usamos esos combustibles, como el petróleo, el carbón y el gas natural, se producen daños en la atmósfera. Y los combustibles fósiles no son renovables. Eso significa que una vez que se usan, desaparecen para siempre. No se pueden fabricar.

En lugar de combustibles fósiles, podemos usar más energías naturales. ¿Qué se puede usar para generar electricidad? ¡El viento, el agua y el sol! Se llaman energías "limpias".

Los científicos usan nuevas tecnologías para perfeccionar esas fuentes de energía. Así, más personas en todo el mundo podrán usar energía limpia. Así, se dañará menos la atmósfera. Eso también puede frenar el calentamiento.

Los paneles solares y las turbinas eólicas brindan energía limpia.

Los científicos polares continúan estudiando el Ártico. Usan la ciencia y la tecnología para desarrollar una solución. Con la ayuda de los inuits, esperan encontrar nuevas maneras de salvar el Ártico. Todos podemos ayudar aprendiendo más sobre las causas del calentamiento de la Tierra. Juntos, podemos ayudar a proteger el Ártico y el mundo.

Unos científicos reúnen y cortan muestras de hielo para estudiarlas.

Suecia está trabajando para convertirse en la primera nación libre de combustibles fósiles.

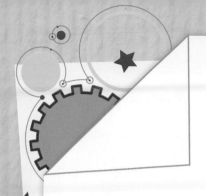

DESAFÍO DE CTIAM

Define el problema

Cuando el permafrost se derrite, el suelo se ablanda y se vuelve inestable. Eso puede dañar las casas y las construcciones. Tu tarea es crear un modelo de una casa que pueda soportar el derretimiento del permafrost.

Limitaciones: La base de tu casa debe caber dentro de un molde para pasteles. Debe pesar al menos $\frac{1}{2}$ kilogramo (1 libra).

Criterios: Tu casa debe permanecer en posición vertical, nivelada y sin daños a medida que el permafrost se derrite.

Investiga y piensa ideas

¿Qué sucede cuando el suelo congelado se derrite?
¿Qué tipos de materiales podrían servir de soporte
en múltiples condiciones meteorológicas? ¿Necesitas
colocar soportes adicionales en tu estructura?

Diseña y construye

Bosqueja un modelo de tu casa. Decide cuáles son
los materiales que mejor funcionarán. Construye
tu modelo.

Prueba y mejora

Coloca tu modelo en un molde para pasteles lleno
de hielo o barro congelado. Colócalo bajo una
lámpara de calor o al sol. Observa el movimiento
de la construcción a medida que la capa congelada
comienza a derretirse. ¿Se movió tu estructura?
¿Se humedeció o se debilitó? Modifica tu diseño y
vuelve a intentarlo.

Reflexiona y comparte

¿Qué materiales funcionaron mejor? ¿Cómo podría
verse afectada una casa construida sobre permafrost
real, a diferencia de tu modelo? Considera otras
soluciones. ¿Cuál podría funcionar mejor?

Glosario

adaptarse: hacer cambios para ajustarse a nuevas condiciones

arqueólogos: científicos que estudian los objetos de la antigüedad, especialmente a través de sus restos

biólogos marinos: científicos que estudian el océano y todo lo que vive en él

clima: el estado del tiempo a largo plazo

climatólogos: científicos que estudian el clima

combustibles fósiles: fuentes de energía no renovables, como el petróleo, el carbón y el gas natural

ecosistema: los grupos de seres vivos y cosas sin vida que forman un medioambiente

en peligro de extinción: describe las plantas o los animales que se han vuelto escasos y podrían desaparecer por completo

erosión: el desgaste del suelo y las rocas, y el transporte de sedimentos desgastados

etnólogos: científicos que estudian a distintos pueblos y culturas

glaciólogos: científicos que estudian la nieve, el hielo y los glaciares

inuits: un pueblo indígena que vive en el Ártico

migran: viajan de un lugar a otro en un patrón que se repite

permafrost: suelo congelado que contiene principalmente agua congelada

políticas: conjuntos de reglas aceptadas sobre lo que se debería hacer

testigos: quienes ven algo con sus propios ojos, en persona

tundra: un área llana y congelada, sin árboless

Índice

¿Quieres estudiar el Ártico?
Estos son algunos consejos para empezar.

"Tú juegas un papel importante en la solución de los problemas de la Tierra. Las pequeñas cosas ayudan. Lleva un registro de los lugares a los que vas en una semana típica y cómo llegas hasta allí. Luego, trata de disminuir la cantidad de veces que viajas en carro para ir a esos lugares. Ve a pie o en bicicleta. Puedes jugar un papel aún más importante si escoges una profesión relacionada con la ciencia, la historia y la tecnología. Descubre lo que te interesa y aprende todo lo que puedas".
—*William Fitzhugh, curador de museos*

"Las actividades humanas pueden estar afectando las temperaturas y a los animales en los dos polos. Aunque no vivas cerca del Ártico o de la Antártida, igualmente puedes marcar la diferencia con lo que haces cada día. Aprende sobre ciencias y matemáticas. Inventa una tecnología nueva. Encuentra soluciones artísticas para cambiar el mundo". —*Emily Frost, redactora en jefe del portal de océanos*